101 CURIOSIDADES
CORPO HUMANO

Ciranda Cultural

Dados Internacionais de Catalogação na Publicação (CIP) de acordo com ISBD

B 236c Barbieri, Paloma Blanca Alves
        101 curiosidades - Corpo Humano / Paloma Blanca Alves Barbieri ;
        ilustrado por Shutterstock. – Jandira, SP: Ciranda Cultural, 2021.
        32 p. ; 15,5cm x 22,6cm. – (101 curiosidades)

        ISBN: 978-65-5500-742-8

        1. Literatura infantojuvenil. 2. Corpo humano. 3. Curiosidade. 4.
        Descoberta. 5. Conhecimento. 6. Aprendizado. I. Shutterstock. II. Título.
        III. Série.

2021-1721   CDD 028.5
                                                    CDU 82-93

Elaborado por Vagner Rodolfo da Silva - CRB-8/9410

Índice para catálogo sistemático:
1. Literatura infantojuvenil 028.5
2. Literatura infantojuvenil 82-93

© 2021 Ciranda Cultural Editora e Distribuidora Ltda.
Produção: Ciranda Cultural
Texto: Paloma Blanca Alves Barbieri
Preparação: Ana Paula Uchoa
Revisão: Cleusa S. Quadros e Karine Ribeiro
Revisão técnica: Dr. Ricardo José de Almeida Leme
Diagramação: Coletivo Editoriall
Imagens: Shutterstock.com
(Legenda: S=Superior, I=Inferior, M=Meio, E=Esquerda, D=Direita)
Capa= SciePro
Miolo=6,7=adike; 9=Fir4ik; 10=Designua; 11=Yurchanka Siarhei; 12,13=kotoffei; 14=LanaSweet; 15/S=Yevheniia Poli; 15/I=polya_olya; 16/S-E=Phonlamai Photo; 16/S-D=Anna Kireieva; 16/I=CoCoArt_Ua; 17/S=ninoon; 17/I=aslysun; 18/S=ustas7777777; 18/I=Dimedrol68; 19/S=anttoniart; 19/I=Hein Nouwens; 20/S=LYW; 20/I=Inc; 21/S,26/I =WAYHOME studio; 21/I=Billion Photos; 22/S=AgriTech; 23/S=Roman Samborskyi; 23/M=SciePro; 23/I=Piyawat Nandeenopparit; 24/S=G-Stock Studio; 24/I=Crazy nook; 25=ImageFlow; 26/S=Brian A Jackson; 27/S=Paparacy; 27/I=New Africa; 28/S=Lightspring; 28/I=Gorodenkoff; 29/S=Bogdanovich Alexander; 29/M=FabrikaSimf; 29/I=mycteria; 30/S=Croisy; 30/I=Dragana Gordic; 31/S=Hryshchyshen Serhii; 31/I=Rattiya Thongdumhyu; 32=Egor Shilov

1ª Edição em 2021
www.cirandacultural.com.br
Todos os direitos reservados. Nenhuma parte desta publicação pode ser reproduzida, arquivada em sistema de busca ou transmitida por qualquer meio, seja ele eletrônico, fotocópia, gravação ou outros, sem prévia autorização do detentor dos direitos, e não pode circular encadernada ou encapada de maneira distinta daquela em que foi publicada, ou sem que as mesmas condições sejam impostas aos compradores subsequentes.

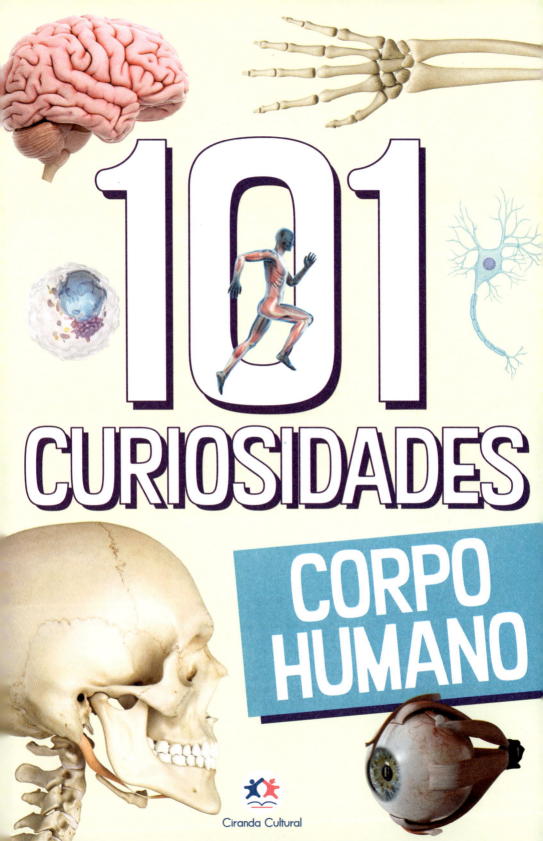

SUMÁRIO

CORPO HUMANO: UMA MÁQUINA PODEROSA 6-7

INSPIRA, EXPIRA E RESPIRA 8-9

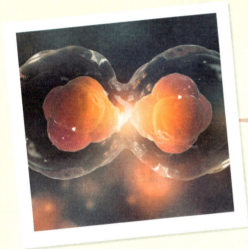

UNIVERSO CELULAR 10-11

SISTEMAS DO CORPO 12-13

SISTEMA DIGESTÓRIO 14-15

SISTEMA REPRODUTOR 16-17

SISTEMA CIRCULATÓRIO 18-19

SISTEMA RESPIRATÓRIO
20-21

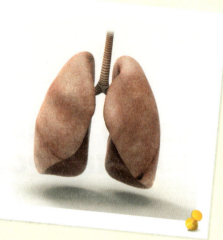

SISTEMA LOCOMOTOR
22-23

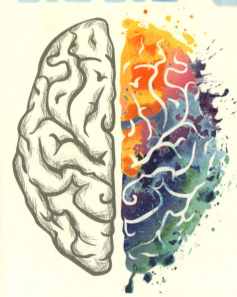

SISTEMA NERVOSO
24-25

26-27

OS SENTIDOS

EVOLUÇÃO DO CORPO HUMANO
28-29

VERDADES E MENTIRAS
30-31

RECORDES DO CORPO HUMANO
32

CORPO HUMANO: UMA MÁQUINA PODEROSA

1

COMPLEXO E PERFEITO
O corpo humano é uma máquina e tanto! Nós não fazemos ideia de sua complexidade e perfeição. Todos os dias, sem que a gente perceba, ele executa uma série de tarefas ao mesmo tempo, como realizar nossa respiração e digestão dos alimentos que ingerimos.

2

PARTES DO CORPO
O corpo humano pode ser dividido em três partes distintas: cabeça, tronco e membros (superiores e inferiores). O tronco é a parte que abriga o maior número de órgãos, como o coração, os pulmões, o fígado, o pâncreas, o estômago e o intestino.

3

SISTEMAS IMPORTANTES
Nosso corpo é formado por diferentes sistemas. Cada um tem uma função específica e, juntos, contribuem para o pleno funcionamento do corpo. Alguns desses sistemas são: circulatório, digestório, nervoso, locomotor, respiratório e reprodutor.

4
IGUAIS, MAS DIFERENTES
Apesar de termos corpos semelhantes, com a mesma estrutura principal e organização, a verdade é que nenhuma pessoa é igual a outra. Afinal, cada uma possui uma infinidade de características próprias, como a voz e as impressões digitais, que a tornam um ser único.

5
OS SENTIDOS
O nariz, a orelha e a boca são alguns dos órgãos responsáveis pelos nossos sentidos. Por meio deles, o cérebro recebe informações importantes sobre o ambiente onde estamos e sobre o que o corpo está sentindo, como um cheiro, um gosto, um som...

6
SERES PLURICELULARES
Nosso corpo é formado por milhares e milhares de células, responsáveis por formar os tecidos, os órgãos e os sistemas do corpo. É por essa característica que nós, seres humanos, somos considerados organismos pluricelulares.

7
QUANTA ÁGUA!
Além de muitos órgãos, estruturas e sistemas, grande parte do nosso corpo é formado por água. Porém, a quantidade vai diminuindo no decorrer do tempo. Quando criança, nosso corpo tem em torno de 75% de água. Na adolescência, essa quantidade cai para 65%. Já após os 60 anos, a quantidade de água reduz para 50%, aproximadamente.

INSPIRA, EXPIRA E RESPIRA

8 CICLOS DA RESPIRAÇÃO

O ser humano até pode viver alguns dias sem comer e sem beber, mas não sem respirar. Nós realizamos, por dia, aproximadamente 20 mil ciclos respiratórios (combinação de inspiração e expiração) – isso sem percebermos. Quer estejamos acordados, quer estejamos dormindo, nunca deixamos de respirar.

9 RITMO DA RESPIRAÇÃO

Nem sempre respiramos da mesma forma, ou seja, o ritmo da nossa respiração depende da atividade que estamos fazendo e até do que estamos sentindo ou pensando no momento. Quando dançamos, por exemplo, respiramos bem depressa. Quando andamos, a respiração tende a ser mais tranquila. Já quando dormimos, ela é lenta e profunda.

10 FONTE DE ENERGIA

O oxigênio é a principal fonte de energia das células e, consequentemente, do nosso corpo, já que ele é formado por milhares delas. Por meio da respiração, o ar chega aos pulmões e, em perfeita coordenação, os sistemas circulatório e respiratório se encarregam de levar o oxigênio a cada célula do corpo, bem como de expulsar o gás carbônico produzido na expiração.

11 PERFEITA SINCRONIA

A respiração não é somente o ato de inspirar e expirar, nem se resume apenas a uma troca de oxigênio e gás carbônico entre o corpo e o ar da atmosfera. Na verdade, a respiração pode ser considerada uma orquestra, na qual o encéfalo, em perfeita sincronia, coordena diferentes partes do corpo, como as vias respiratórias, os pulmões, o sangue, os vasos sanguíneos e o coração.

12 O PODER DO RONCO

Você com certeza já deve ter se perguntado por que algumas pessoas roncam. A resposta é simples: na hora de dormir, os músculos do nosso pescoço – que formam as vias aéreas por onde o ar passa – ficam tão relaxados que diminuem o espaço para a passagem do ar, provocando, assim, um leve ou forte ruído, o qual chamamos de ronco, como o do motor de um carro!

13 UM TANQUE DE AR

O **pulmão** é um dos órgãos mais impressionantes do corpo humano. Os pulmões trabalham com um volume de troca de até 5,5 litros de ar. Essa capacidade aumenta com o passar do tempo: quando nascemos, nossos pulmões são capazes de armazenar 0,2 litro; conforme crescemos, esse número aumenta até atingir 5,5 litros.

14 RESPIRAR E ENGOLIR

Ainda que respirar seja uma ação constante, é impossível respirar e engolir ao mesmo tempo. Isso porque o canal por onde respiramos e engolimos é o mesmo. Aliás, é por essa razão que conseguimos respirar pela boca também.

UNIVERSO CELULAR

TRILHÕES DE CÉLULAS — 15

Estima-se que, em nosso corpo, haja cerca de 30 trilhões de células. Dessa quantidade, 86 bilhões aproximadamente são neurônios. Além disso, existem diferentes tipos de células, que atuam tanto na formação da estrutura física quanto no fornecimento de energia e na reprodução de um organismo.

TÃO PEQUENINAS — 16

O tamanho de uma célula varia de 1 a 100 micrômetros. Por isso, o estudo da biologia celular só é possível graças à invenção do microscópio. Com os avanços desse equipamento, hoje podemos obter imagens detalhadas de qualquer estrutura celular, por menor que ela seja.

célula eucariótica

CÉLULAS PRINCIPAIS — 17

Há dois tipos principais de células: eucarióticas e procarióticas. As células eucarióticas têm o material genético reunido em um núcleo, que é envolvido por uma membrana. Já as células procarióticas não possuem núcleo; o material genético fica livre em uma região chamada citoplasma. São exemplos de organismos eucarióticos os animais, as plantas e os fungos; e de procarióticos, as bactérias.

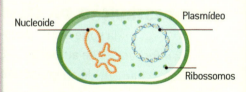

célula procariótica

10

PRIMEIRAS FORMAS TERRESTRES DE VIDA 18

Os organismos procarióticos unicelulares, ou seja, de uma só célula, foram as primeiras formas de vida na Terra. Extremamente resistentes, eles podem viver e prosperar em ambientes que seriam fatais para a maioria dos outros organismos, como locais com temperatura extremamente elevada (fontes termais), assim como áreas úmidas desprovidas de oxigênio (pântanos).

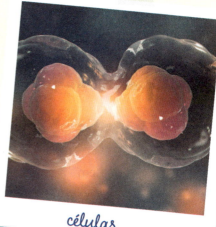

células

PARTE CÉLULAS, PARTE BACTÉRIAS 19

Além de trilhões de células, nosso corpo também possui um número exorbitante de bactérias: cerca de 39 trilhões. Isso significa que, para cada célula humana, há 1,3 bactéria. Em outras palavras, somos cerca de 56,5% bactérias.

PERÍODOS DE VIDA 20

As células do corpo humano possuem diferentes períodos de vida com base no tipo e na função que desempenham. Os glóbulos vermelhos, por exemplo, duram em torno de quatro meses; as células da pele, três semanas; já os neurônios duram a vida toda.

VOCÊ SABIA?
Uma célula é a menor unidade de vida que existe, possuindo formas e funções muito bem definidas.

AUTODESTRUIÇÃO DA CÉLULA 21

Quando uma célula sofre algum dano ou alguma infecção, ela se autodestrói. Esse processo é chamado de apoptose e tem como propósito garantir o desenvolvimento adequado do organismo. É por essa e outras razões que o corpo humano é considerado um dos mistérios mais maravilhosos entre tantos.

SISTEMAS DO CORPO

DIVERSOS SISTEMAS
Para funcionar de maneira adequada, o corpo humano usa diferentes sistemas. No total, o corpo conta com treze deles: respiratório, circulatório, muscular, nervoso, digestório, sensorial, endócrino, excretor, urinário, esquelético, reprodutor, imunológico e tegumentar (relativo à pele). Embora alguns sistemas desempenhem funções mais essenciais para a manutenção da vida, todos têm um papel importante.

22

SISTEMA DIGESTÓRIO
O sistema digestório é responsável por absorver os nutrientes dos alimentos que foram ingeridos. Esse sistema realiza dois tipos de digestão: a mecânica, realizada pela trituração dos alimentos na boca; e a química, que faz a digestão dos alimentos por meio de enzimas, desde a boca até os intestinos.

23

SISTEMA REPRODUTOR
O sistema reprodutor oferece as condições adequadas para a nossa reprodução. Enquanto o masculino é responsável por garantir a produção do espermatozoide e depositá-lo no interior do corpo da mulher, o feminino atua como local para a fecundação e o desenvolvimento do bebê.

24

SISTEMA CIRCULATÓRIO
O sistema circulatório realiza o transporte do sangue, por meio do qual o oxigênio e os demais nutrientes são distribuídos para diversas regiões do corpo. Além do sangue, o sistema circulatório é composto pelo coração e pelos vasos sanguíneos (artérias, veias e vasos capilares).

25

26
SISTEMA RESPIRATÓRIO
O sistema respiratório é um dos principais sistemas do corpo humano. Constituído pelos pulmões e pelas vias respiratórias, ele é responsável pelo transporte de oxigênio dos pulmões para o sangue, bem como eliminar o gás carbônico retirado das células e levado até os pulmões, também pelo sangue.

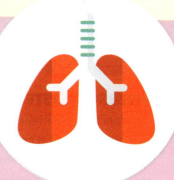

27
SISTEMA LOCOMOTOR
Os ossos, as articulações e os músculos esqueléticos formam o sistema locomotor. O esqueleto representa a parte estrutural do corpo humano, sem a qual seria impossível sobreviver. Afinal, além de o esqueleto sustentar nosso corpo, proteger nossos órgãos e permitir nossa movimentação, é no seu interior, na medula óssea, que o sangue é formado.

28
SISTEMA NERVOSO
O sistema nervoso tem como principal função captar, processar e gerar respostas diante dos estímulos que recebemos do ambiente. É graças a esse sistema que podemos sentir o que acontece à nossa volta e no interior do nosso corpo, reagindo a essas sensações da forma mais adequada.

SISTEMA DIGESTÓRIO

FUNÇÕES PRINCIPAIS

29

O sistema digestório tem duas funções principais: transformar os alimentos em nutrientes que são necessários para o corpo e livrar o organismo de resíduos. Para realizar esses processos, o sistema conta com a colaboração de diferentes órgãos: boca, faringe, esôfago, estômago, intestino delgado, intestino grosso e ânus.

MOVIMENTOS PERISTÁLTICOS?

30

O esôfago tem uma função muito importante no processo de digestão. Os músculos desse órgão contraem e relaxam, fazendo movimentos chamados de peristálticos. São esses movimentos que empurram a comida para baixo, ou seja, nada do que você come "cai" diretamente no seu estômago.

ABSORÇÃO DOS ALIMENTOS

31

Muitos acreditam que o órgão mais importante do sistema digestório é o estômago, onde os alimentos são agitados e misturados a sucos gástricos, tornando-se partes pequenas de comida. Porém, é no intestino delgado que a maioria da digestão ocorre, absorvendo os nutrientes que serão transferidos para a corrente sanguínea.

32
INTESTINO DELGADO EXTENSO

O intestino delgado tem entre 4 e 7 metros de comprimento e diâmetro de 4 centímetros aproximadamente. Se esticássemos todo o intestino, ele teria o tamanho de um carro. Impressionante, não é?

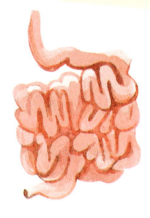

33
QUE MAU CHEIRO!

Depois que nos alimentamos, gases são produzidos pelo nosso corpo. Alguns não cheiram tanto; outros, porém, não são nada agradáveis. Isso geralmente acontece porque os alimentos digeridos fermentam quando são absorvidos pelas bactérias no intestino, produzindo assim os famosos gases. Mas você tem ideia de qual é a média de gases que temos no organismo? Varia de 200 mililitros a 2,5 litros.

34
ROONC: HORA DE COMER

O que será que acontece quando nossa barriga ronca? Você já deve ter feito essa pergunta em algum momento! O famoso ronco do estômago, tecnicamente chamado de borborigmo, nada mais é do que uma contração rítmica e involuntária da musculatura gástrica e intestinal. Esse som costuma ser resultado do processo digestório e serve para indicar que o seu corpo precisa ser reabastecido.

35
FONTE DE ENERGIA

Os alimentos que comemos são a matéria-prima para nosso metabolismo, ajudam no crescimento e na manutenção dos tecidos e ainda fornecem energia. Ao longo da vida, nosso sistema digestório digere aproximadamente 50 toneladas de alimentos (sólidos e líquidos), sendo aproximadamente 1 tonelada por ano ou quase 3 quilos por dia.

SISTEMA REPRODUTOR

36 MENOR CÉLULA DO ORGANISMO

Os homens produzem a menor célula humana. Trata-se do espermatozoide, que mede apenas 5 micrômetros de comprimento e 3 micrômetros de largura; isso sem contar o flagelo, ou seja, a "cauda".

37 MAIOR CÉLULA DO ORGANISMO

O óvulo das mulheres, por outro lado, é a maior das células humanas, pois chega a ter 120 micrômetros de diâmetro, podendo inclusive ser vista sem a ajuda de microscopia.

38 GERADOR DA VIDA

Sendo o órgão mais importante do sistema reprodutor feminino, o útero tem um papel fundamental na geração da vida. Com formato semelhante ao de uma pera invertida, esse órgão pode mudar de volume conforme a idade e o número de gestações de uma mulher. Naquelas que ainda não tiveram filhos, por exemplo, o volume do útero é de 60 centímetros cúbicos, ou seja, um pouco menor que um punho fechado.

sistema reprodutor feminino

VOCÊ SABIA?
Antes da descoberta da fecundação, acreditava-se que os espermatozoides carregavam seres humanos pequeninos, que se desenvolveriam no interior do corpo feminino.

39 MILHÕES E MILHÕES DE ESPERMATOZOIDES

Um homem saudável produz diariamente entre 100 e 200 milhões de espermatozoides. Essas células reprodutivas abrigam o núcleo com o DNA do pai.

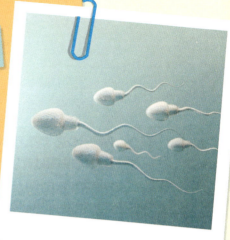

40 DIFERENTES ESPERMATOZOIDES

Os espermatozoides de outras espécies podem apresentar diferentes formas e tamanhos em relação aos do ser humano. Alguns deles são mais arredondados ou mais compridos, e ainda há aqueles que não possuem flagelo.

41 MILHÕES E MILHÕES DE ÓVULOS

Diferentemente do homem que produz espermatozoides ao longo da vida, a mulher já nasce com todos os óvulos. É ainda no útero da mãe que uma mulher apresenta o maior número de óvulos que terá durante toda a vida: um feto do sexo feminino tem cerca de 7 milhões de óvulos. Ao nascer, esse número cai para cerca de 2 milhões e, ao alcançar a puberdade, está em torno de 300 mil e 500 mil óvulos.

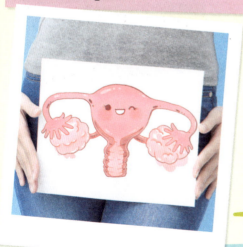

42 TESTOSTERONA

Além de ser responsável pela produção e pelo transporte dos espermatozoides, o sistema reprodutor masculino também tem o papel de produzir um importante hormônio: a testosterona. É ela que garante o desenvolvimento de algumas características masculinas, como o aumento dos pelos e o engrossamento da voz.

SISTEMA CIRCULATÓRIO

43 FUNÇÃO DE GRANDE IMPORTÂNCIA
O sistema circulatório, ou cardiovascular, faz o sangue chegar a todas as partes do nosso corpo. Por essa razão, podemos considerá-lo como a máquina propulsora do nosso organismo, fazendo com que todas as peças e as estruturas do corpo funcionem perfeitamente.

44 QUE GIGANTE!
O sistema circulatório é gigantesco, mas, ao observar o corpo humano, não temos noção disso. A circunferência da Terra tem por volta de 40 mil quilômetros; já em nosso corpo existem cerca de 100 mil quilômetros de veias, artérias e capilares (tubos sanguíneos menores). Se retirássemos todos os vasos sanguíneos de uma pessoa, poderíamos dar aproximadamente duas voltas e meia em torno do planeta.

vasos sanguíneos

45 SANGUE AZUL
Pessoas de pele muito clara conseguem enxergar as veias que passam por todo o seu corpo com uma tonalidade azulada, mas sangue azul é algo que não existe (pelo menos não em seres humanos). A coloração enganosa das veias é resultado da forma como a luz é absorvida pela pele e retorna para nossos olhos.

46 QUANTO MAIOR, MENOR...

Muitas pessoas costumam acreditar que, quanto maior um corpo, maior é o número de batimentos cardíacos, mas a realidade não é assim. Quanto maior é o ser, mais lentamente seu coração bate em repouso. Uma pessoa adulta tem uma frequência cardíaca de cerca de 80 batimentos por minuto (quando está descansando). Já o coração de uma baleia-azul, que tem o tamanho de um automóvel, só bate 5 vezes por minuto.

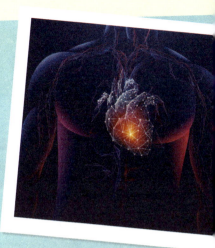

47 CURIOSO CORAÇÃO

O coração é, sem dúvidas, um dos órgãos mais importantes do corpo humano, sem o qual não poderíamos sobreviver. Porém, uma grande curiosidade sobre esse órgão vital é que ele poderia continuar batendo fora do nosso corpo. Tal capacidade se deve à sua habilidade de produzir os próprios impulsos elétricos.

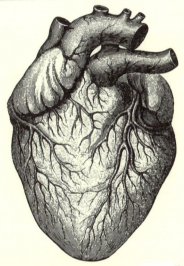

48 NO ESPAÇO

Passar algum tempo no espaço, apesar de incrível, pode não ser tão bom para a saúde. Por causa da falta de gravidade, o sangue tende a se acumular no peito e na cabeça, o que faz o coração aumentar e trabalhar dobrado para continuar funcionando adequadamente a milhares de quilômetros de distância.

49 ANOS DE ESTUDO

O sistema circulatório vem sendo motivo de estudo há milhares de anos – no século XVI a.C., os egípcios já investigavam o assunto. Esse dado foi comprovado graças a um documento médico que mostrava a conexão entre o sangue, as artérias, o coração e os pulmões.

SISTEMA RESPIRATÓRIO

50 UM MAIOR E UM MENOR

Os pulmões, órgãos de extrema importância para o sistema respiratório, não têm exatamente o mesmo tamanho. Isso porque, para acomodar melhor o coração, que fica no lado esquerdo do tórax, o pulmão esquerdo é ligeiramente menor que o direito. Os pulmões têm 25 centímetros e 700 gramas, aproximadamente.

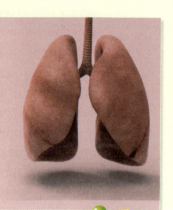

51 DENTRO E FORA DA ÁGUA

Obtemos o oxigênio de que precisamos por meio do ar atmosférico. Embora ele também esteja presente na água, nós, seres humanos, não conseguimos extraí-lo dela, pois, diferentemente dos peixes, não possuímos brânquias, órgãos que realizam a absorção do oxigênio presente na água. Da mesma forma que não temos a capacidade de respirar dentro da água, os peixes também não conseguem sobreviver fora dela.

52 IC, IC

O soluço, um incômodo que todo ser humano tem durante a vida, é causado pela súbita contração do diafragma, um músculo fino que separa o tórax do abdômen: o ar entra muito rapidamente nos pulmões, e as cordas vocais se fecham inesperadamente. Tal característica não pertence apenas aos humanos; répteis, felinos e caninos também podem soluçar.

VOCÊ SABIA?
Um fazendeiro americano chamado Charles Osborne teve uma crise de soluço que começou em 1922 e terminou somente em 1990. Foram 68 anos de soluço. É até difícil de acreditar, não?

20

53 QUE SUSTO!

Embora possa parecer lenda, levar um susto pode sim resolver uma crise de soluço. Isso acontece porque, quando levamos um susto, provocamos uma forte inspiração, o que aumenta o volume de ar nos pulmões. Mas existem outras maneiras de resolver o problema: tomar um copo d'água com nariz tampado ou inspirar e segurar o ar por alguns segundos.

54 COF, COF

Tossir é um processo de defesa dos pulmões. Quando tossimos, eles são capazes de expelir impurezas e possíveis germes que ficaram acumulados. O processo se inicia com inspiração, passa pelo fechamento da epiglote e das cordas vocais, contração dos músculos abdominais e intercostais e termina com abertura das cordas vocais e da epiglote, liberando o ar dos pulmões.

55 ACORDE!

O bocejo é uma tentativa do cérebro de nos manter acordados. No período de sonolência, ocorre uma queda de oxigênio no cérebro. Ao notar essa carência, o cérebro faz com que inspiremos profundamente para despertarmos. Quanta esperteza!

56 RECURSO NATURAL ESSENCIAL

A água é essencial para a sobrevivência do ser humano e de outros organismos vivos. Por isso, fazer a ingestão dessa substância diariamente é fundamental. Além disso, na mesma medida que ingerimos a água, nós a perdemos. E não apenas na urina e na transpiração, mas também na própria respiração. Quase metade da água que bebemos, por exemplo, é expulsa no simples ato de inspirar e expirar.

SISTEMA LOCOMOTOR

57
FORMAÇÃO DO SISTEMA
Basicamente, o sistema locomotor tem como principal órgão o esqueleto. O conjunto de todos os ossos forma uma estrutura para suportar o peso do corpo. Sem ela, seríamos incapazes de andar ou ficar em pé.

58
QUANTOS OSSOS!
O esqueleto de uma pessoa adulta tem 206 ossos. Já o de um bebê possui cerca de 300. Isso acontece porque grande parte dos ossos acaba se unindo com o passar do tempo. Os ossos das mãos (26 em cada uma) e dos pés (27 em cada um) concentram mais da metade de todos os ossos do nosso corpo. Que incrível!

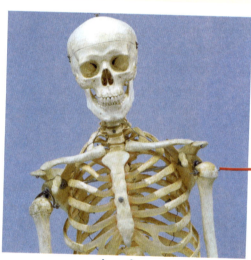

esqueleto humano

59
PODEROSO CÁLCIO
O cálcio desempenha importantes funções no nosso organismo e está relacionado, principalmente, ao desenvolvimento dos ossos e dentes. Estima-se que o esqueleto humano e os dentes possuam 99% do cálcio presente no organismo.

BI, TRI...

60

Além do esqueleto, o corpo humano conta com uma variedade de músculos que relaxam ou contraem conforme o esforço feito pelo corpo. Alguns desses músculos recebem o nome de uma forma geométrica, como é o caso do trapézio, por apresentar formato parecido. Outros músculos levam no nome prefixos que remetem à quantidade, como é o caso de bíceps (bi), tríceps (tri) e quadríceps (qua), que indicam o número de partes (duas, três ou quatro) em que há em um tendão.

DE LONGO NOME

61

Esternocleidomastoideo pode até parecer um trava-língua, mas se trata do músculo que detém o título de nome mais comprido do corpo humano. Localizado em cada lado do pescoço, esse músculo é longo e tem a função de flexionar o pescoço tanto na lateral como de trás para frente.

PODEROSAS ARTICULAÇÕES

62

Os joelhos são as maiores juntas do corpo humano e sustentam, além do peso do corpo, o fêmur e a tíbia, dois grandes ossos das coxas e das pernas. Graças às articulações dos joelhos, as pessoas conseguem andar, correr, sentar-se e ficar de pé sem muito esforço.

RESISTENTE E FRÁGIL

63

Apesar da aparência dura e resistente, o interior dos ossos é relativamente leve e mole, pois seu tecido é composto por 75% de água. Além disso, presentes em todas as regiões corporais, os ossos representam cerca de 15% do peso de nosso corpo.

23

SISTEMA NERVOSO

MESTRE DO CORPO HUMANO

Impossível falar do funcionamento do corpo humano sem pensar no cérebro, afinal, é ele quem controla tudo. Isso mesmo, é graças ao cérebro que fazemos uma série de ações, tanto voluntárias, como correr e falar, quanto involuntárias, como respirar e piscar.

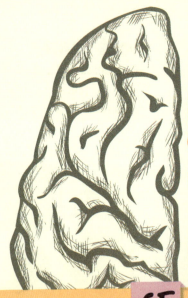

CAPACIDADE DE MEMORIZAÇÃO

Nosso cérebro é dotado de inúmeras capacidades. Entre elas, está a habilidade de memorização. Estima-se que, até o fim da vida, uma pessoa terá memorizado, em média, 150 trilhões de *bits* de informação. Além disso, a capacidade de armazenamento do cérebro humano é de mais de 4 *terabytes*.

DIREITO E ESQUERDO

O cérebro humano possui dois lados: o esquerdo e o direito. O lado esquerdo é guiado pela lógica, que se ocupa da linguagem e das operações lógicas, como escrever e fazer contas. Já o lado direito é guiado pela criatividade e pela emoção. É graças a existência desses dois hemisférios que conseguimos pensar e nos movimentar ao mesmo tempo.

67 AI, AI, AI!

Cada centímetro quadrado da nossa pele contém cerca de 200 receptores de dor. Apesar de o cérebro ser o órgão responsável por detectar esse estímulo no resto do corpo, curiosamente ele é imune à dor. Essa habilidade se deve à ausência de nociceptores nessa região, também chamados de receptores da dor.

68 BILHÕES DE CONEXÕES

O cérebro humano é com certeza um órgão surpreendente, e ainda há muito para desvendar sobre ele. Entre suas curiosidades mais incríveis, está o fato de ele possuir mais conexões cerebrais do que o número de estrelas que há em nossa galáxia, que gira em torno de 200 e 400 bilhões.

69 DIMENSÕES E CONSUMO

Nosso cérebro pesa, aproximadamente, 1,5 quilo e representa de 2% a 3% da nossa massa corporal. Cerca de 75% da massa do cérebro é composta por água. Além disso, o órgão consome por volta de 20% do nosso oxigênio e entre 15% e 20% de nossa glicose.

VOCÊ SABIA?
Com cerca de 1,2 quilo, o cérebro de Albert Einstein era considerado um pouco menor do que a média.

70 CÉREBRO MASCULINO E CÉREBRO FEMININO

Entre a mulher e o homem, há muitas diferenças. Além do corpo e do órgão reprodutor, outra distinção diz respeito ao tamanho do cérebro de cada um. Em média, o cérebro dos homens é maior do que o das mulheres (14% maior aproximadamente), porém o cérebro feminino se mostra mais organizado e com subregiões maiores, indicando assim uma eficiência no processamento da informação.

OS SENTIDOS

71 A LÍNGUA E SUAS INÚMERAS BACTÉRIAS

A língua é o principal órgão do paladar. Apesar de pequena, ela possui algumas curiosidades interessantes. Na região bucal de cada pessoa, por exemplo, há aproximadamente 700 espécies de bactérias, porém, só na língua, são mais ou menos 100 espécies. Mas não se preocupe, pois, apesar desse número tão elevado, boa parte dessas bactérias têm uma função importante: quebrar as moléculas dos alimentos para facilitar a digestão.

72 QUANTOS DECIBÉIS

Assim como a língua é o principal órgão do paladar, o ouvido é o órgão responsável pela nossa capacidade de ouvir. Falando em audição, você sabe até quantos decibéis podemos suportar? O ouvido humano suporta ruídos de até 80 decibéis. A título de comparação, o latido de um cachorro, por exemplo, pode variar entre 70 e 80.

73 PISCOU!

O olho é o órgão principal do sentido da visão. Por meio dele, captamos diferentes imagens. Apesar de pequeno, o músculo que nos faz piscar é o mais rápido do corpo humano. Em média, os olhos piscam 17 vezes por minuto, 14.280 vezes por dia e 5,2 milhões de vezes por ano. São muitas piscadas!

MECANISMOS DE DEFESA
74

Graças ao nariz, podemos sentir e identificar vários tipos de cheiros: os bons e os não tão agradáveis assim. Porém, sentir cheiro não é a principal função do nariz, sabia? Esse pequeno órgão possui mecanismos que impedem a entrada de bactérias, poeiras e outras substâncias em nosso organismo. Além disso, ele ajuda a aquecer o ar que respiramos, fazendo-o chegar quentinho aos pulmões.

O PODER DO TOQUE
75

Tato é o sentido responsável por permitir a percepção de texturas, dor, temperatura e pressão. Os receptores desse sentido estão presentes em toda a pele. As impressões digitais presentes na mão, ainda que sejam únicas e sirvam para identificar uma pessoa, possuem outras funções, sabia? Elas garantem mais firmeza na mão ao pegar algo e detectar texturas e objetos de pequenas proporções.

QUE FARO!
76

O olfato é um sentido que não deve ser subestimado. Afinal, ele é o primeiro a se desenvolver nos bebês após o nascimento. Os demais sentidos só começam a progredir depois de alguns dias. É por essa razão que os bebês possuem a capacidade de reconhecer a mãe pelo cheiro. Essa aptidão se mantém com o passar do tempo, pois as pessoas conseguem se lembrar de cheiros que sentiram ainda na infância e que ficaram marcados por experiências, boas ou ruins.

QUANTA SENSIBILIDADE!
77

A pele, grande responsável pelo sentido do tato, tem pelo menos cinco tipos de receptores sensíveis à dor e ao toque. Os receptores presentes na ponta dos dedos, na palma das mãos, nos lábios e na língua respondem à pressão mínima de 20 miligramas, o mesmo peso de um mosquito.

27

EVOLUÇÃO DO CORPO HUMANO

78 RESQUÍCIOS DA EVOLUÇÃO
Algumas partes do corpo humano que tinham funções importantes, e até mesmo vitais, para os seres humanos há milhares de anos acabaram perdendo a utilidade ao longo da evolução da nossa espécie. Elas são chamadas de "resquícios evolutivos".

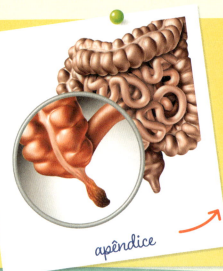
apêndice

79 UM ÓRGÃO QUASE INVISÍVEL
Um dos órgãos "invisíveis" mais conhecidos por todos é o apêndice, que tinha a função de ajudar na digestão de plantas ricas em celulose (tipo de carboidrato), que formavam parte da dieta dos nossos ancestrais. Conforme nossa alimentação foi se tornando mais variada, o apêndice perdeu seu papel.

80 DENTES DESNECESSÁRIOS
Em um passado bem remoto, a função dos sisos era triturar carnes duras e alguns cereais que serviam de alimento para o homem. Porém, como agora nosso alimento é mais fácil de ser digerido, já não precisamos mastigar com tanta intensidade. É por isso que atualmente os sisos não nascem em todas as pessoas e nossa mandíbula já não é tão forte como milhares de anos atrás.

28

ARMA DE DEFESA
81

No passado, possuíamos uma quantidade muito maior de pelos no corpo. Isso acontecia porque os músculos conectados aos folículos capilares (*arrectores pilorum*) ajudavam a arrepiar o pelo, para parecermos maiores e mais assustadores diante de uma situação de ameaça. Ainda que já não usemos esse recurso hoje em dia, alguns animais, como os gatos, utilizam esse artifício quando se sentem ameaçados.

ORELHAS EM AÇÃO
82

Poucas pessoas são capazes de mexer as orelhas. Os que ainda conseguem fazer isso possuem resquício de uma função que costumávamos ter. Assim como outros animais fazem, como o gato e o cachorro, em certo momento já fomos capazes de mover nossas orelhas em direção a um som, para identificar de onde ele vinha. Consegue se imaginar virando sua orelha para diferentes direções?

UM MÚSCULO FORTE
83

O palmar longo é um músculo que vai do punho ao cotovelo. Hoje em dia, nem todas as pessoas o possuem (cerca de 10% dos seres humanos já o perderam), mas quem ainda tem consegue ver uma saliência fina no punho ao juntar o polegar com o mindinho. Tente descobrir se você tem! Hoje ele não tem tanta serventia, mas era usado por nossos ancestrais para subir em árvores.

palmar longo

UMA TERCEIRA PÁLPEBRA
84

No canto interno do nosso olho, há um resquício de pele que lembra as membranas que algumas aves, alguns répteis e alguns mamíferos têm para proteger a visão. Em nosso caso, não se sabe muito sobre a necessidade dessa membrana, mas possivelmente se trata de uma terceira pálpebra que perdemos como resultado da evolução da nossa espécie.

29

VERDADES E MENTIRAS

85 USAMOS SIM 100% DO NOSSO CÉREBRO

No início do século XX, surgiu a ideia de que não usávamos 100% do nosso cérebro. Hoje, porém, sabemos que usamos o potencial do nosso cérebro todos os dias, sem o menor esforço. Do ponto de vista da evolução das espécies, não teríamos um cérebro tão grande (e que consumisse tanta energia) se só precisássemos usar uma pequena parte dele. Faz sentido, não é?

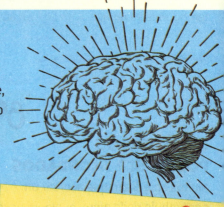

86 ATCHIM!

A gripe e o resfriado são doenças infecciosas, ou seja, causadas por um vírus. Sendo assim, não é o frio ou a chuva que favorecem o desenvolvimento dessas doenças. Logo, para você pegar gripe ou resfriado, precisa ter contato com uma pessoa infectada: inalar as gotículas no ar expelidas durante uma tosse ou um espirro, ou apertar as mãos ou um objeto tocado por ela.

87 ENTRAR OU NÃO NA ÁGUA DEPOIS DE COMER?

Tomar banho, entrar na piscina ou entrar no mar após comer não oferece nenhum risco à saúde. O que acontece é que, quando comemos, o organismo direciona sua atenção para o processo digestório. Então, se nadarmos enquanto esse processo está acontecendo, a digestão fica prejudicada, pois o organismo se vê obrigado a focar em atividades distintas (fazer a digestão e nadar).

LENDO NO ESCURO

Ler no escuro pode parecer uma prática maléfica, mas a verdade é que isso não interfere na saúde da visão. É fato que os olhos se esforçam e cansam mais quando fazemos isso, mas, depois de um tempo, eles se recuperam e voltam ao normal.

SONÂMBULOS PODEM SER ACORDADOS

Muitos acreditam que acordar um sonâmbulo pode oferecer algum risco à sua saúde, mas perigoso mesmo é se a pessoa andar por aí, tropeçar ou entrar em lugares que ofereçam algum dano. Acordar um sonâmbulo irá no máximo deixá-lo confuso ou desorientado. Mas é preferível despertá-lo (suavemente) e ajudá-lo a voltar para a cama a deixar a pessoa vagando por aí.

TELAS À NOITE

Por volta das 20 horas, o corpo humano está no momento ideal para aumentar a síntese do hormônio melatonina, que favorece o sono. Dessa forma, ficar na frente de aparelhos eletrônicos, como celular, computadores e televisão, pode bloquear a síntese de melatonina, uma das possíveis causas de insônia.

NEURÔNIOS

Ao contrário do que se acredita, o surgimento das células cerebrais não é interrompido. Os neurônios continuam crescendo e se modificando, desde a infância até a velhice.

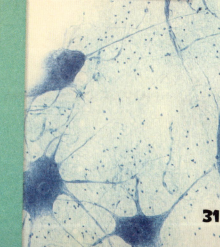

RECORDES DO CORPO HUMANO

92 MAIOR ÓRGÃO

A pele é considerada o maior órgão do corpo humano. Um adulto, por exemplo, tem cerca de 2 metros quadrados de pele.

93 MENOR ÓRGÃO

O menor órgão do corpo é a glândula pineal. Ela tem entre 5 e 8 milímetros, ou seja, é do tamanho de uma ervilha. Localizada no centro do cérebro, é responsável por produzir a melatonina, hormônio que regula o sono.

94 MAIOR OSSO

O maior osso do corpo é o fêmur, que mede um quarto da nossa altura.

95 MENOR OSSO

O menor osso do nosso corpo é o estribo: localizado no ouvido, ele tem menos de 3 milímetros.

96 MAIOR MÚSCULO

O sartório é o maior músculo do corpo e está localizado próximo ao fêmur. Medindo em torno de meio metro, sua função principal é permitir o movimento dos joelhos e do quadril.

97 MENOR MÚSCULO

O estapédio é o menor músculo do corpo humano, medindo aproximadamente 6 milímetros. Localizado na região da orelha, tem a função de controlar a vibração do estribo e nos proteger dos sons altos.

98 ÓRGÃO MAIS PESADO

Além de maior órgão do corpo, a pele também leva o título de mais pesado, pois representa 16% de todo o peso corporal de uma pessoa.

99 MÚSCULO MAIS FORTE

Considerando o músculo que pode exercer mais força, o vencedor é o sóleo, conhecido como panturrilha. Considerando o músculo que exerce mais pressão, o vencedor é o masseter, músculo da mandíbula.

100 MÚSCULO MAIS FRACO

O músculo mais fraco do corpo humano é o responsável por levantar a pálpebra superior, aquele que nos permite abrir e fechar os olhos.

101 MAIOR E MENOR ARTÉRIA

A maior artéria do nosso corpo é a aorta, com 2,5 centímetros de diâmetro aproximadamente. As arteríolas são as menores artérias, possuindo menos de 0,5 milímetro de diâmetro.